O Escalpamento é Divertido!

Parte 4: A Negociação é o Fluxo do Negócio

Heikin Ashi Trader

Indice

1. Negoceie apenas quando é divertido 3
2. Quando não negociar 8
3. As melhores horas de negociação 19
   - A. Para Operadores Forex 19
   - B. Para Operadores de Índices 26
   - C. Para Operadores de Crude 29
4. Por que é que o Escalpamento Rápido é Melhor que Algumas Negociações Bem Ponderadas 30
5. A Disciplina é Mais Fácil no Fluxo 40
6. Instrumentos de Aviso e Controlo 47
7. Seja Agressivo Quando Ganha e Defensivo Quando Perde 54
   - Mais livros de Heikin Ashi Trader 61
   - Sobre o Autor 64
   - Impressão 65

1. Negoceie apenas quando é divertido

Um operador bem-sucedido não vai ao casino. Ele é o casino. Especificando: um operador bem-sucedido dá as cartas segundo os seus termos. Ele decide, como e quando ele está a negociar e também quando não deve negociar. Saber quando ficar afastado é um benefício crucial que um operador pode ter contra "o mercado". É simplesmente natural que um operador iniciante passe de início imenso tempo a encontrar uma estratégia adequada. Poupe o seu tempo numa licitação para saber quando esta nova estratégia funciona melhor.

Nesta quarta parte da série, "o escalpamento é divertido", irei falar sobre quando é a altura certa para negociar. O nosso tempo é precioso. Enquanto operadores, devemos colocar todos os esforços no mercado bolsista quando as condições são ideais. Nas horas em que este não é o caso, devemos dedicar-nos a outras coisas. Acima de tudo, devemos tentar prevenir a designada "negociação enquanto está entediado". Isto é uma condição que ocorre quando um operador sente que nada vale a pena ser negociado durante uma fase do mercado. Ainda assim, ele senta-se em frente de seu ecrã e observa o mercado com os olhos adormecidos. Pior, de vez em quando, ele efetua uma negociação por puro tédio, sabendo que não retirará nada disso. Isto é o precursor da negociação por vício. Tal como qualquer coisa pode ser um vício, negociar também pode-se transformar num.

Também reconheci estes traços em mim nos meus anos de novato. A minha fascinação com o mercado bolsista e a oportunidade de ganhar dinheiro do nada, por assim dizer, crescia a cada dia que passava. Passei as minhas noites a negociar nos Mercados Asiáticos, mesmo se tivesse acabado de estar 16 horas do dia nas negociações na Europa e nos EUA. Acho, que pelo facto de nada de bom ter saído disto a longo prazo, deve ser claro. Este livro não foi escrito para operadores em risco. Ele serve para mostrar um escalpador quando a "ação" está a decorrer nos mercados. Ele deve também servir de encorajamento nestas alturas, para que possa tirar o máximo partido dos mercados.

Para animar o seu entusiasmo é importante que tenha prazer em negociar em alturas em que seja possível fazê-lo. O risco de viciação ainda lá está, mas está imensamente reduzido. Talvez seja para si então desligar o computador e dedicar-se a outras coisas.

Diversão na altura certa é um meio eficaz para mim contra o risco de negociar e sobrenegociar por tédio. Depois irá ter mais sucesso se a sua estratégia se misturar bem com as condições de mercado e você tem as probabilidades para sua vantagem. Isto é por exemplo, quando um operador de tendências é de certa forma diferente de um escalpador. Este conhecimento tem a ver com "experiência", mas graças a Deus, a curva de aprendizagem enquanto escalpador é mais rápida do que outras estratégias de negociação devido à disponibilidade de diferentes negociações. Não tem tempo suficiente disponível e deve levar a séria a sua experiência de aprendizagem, para que possa exceder o limite de rentabilidade.

Os operadores experientes sabem, "quando se sentar nas Suas Mãos", conforme é expresso pelos americanos. Isto significa que, e, primeiro lugar, deve ser um bom observador do mercado bolsista. Tem de descobrir tendo como base muitas horas de "Leitura do gráfico" quando é o momento correto para se envolver e quando deve sair. Domine esta capacidade, então terá chegado ao jogo dos Mestres. Aconselho vivamente que seja eficiente e inteligente na utilização do seu tempo ao negociar na bolsa de valores. As pausas entre sessões de negociação individuais são de grande importância. Isto aplica-se quer ao almoço na própria data da negociação e a pausas ocasionais durante o ano. No próximo capítulo irei listar uma série completa de eventos que deve evitar. Na maioria dos casos não vale a pena negociar durante estas alturas.

Também planeio as minhas férias em conformidade. Um colega operador disse-me que em todo o mês de agosto não teve nenhum ganho. Pior, ele teve perdas. Ele queria negociar, embora soubesse que muitos banqueiros, que estão envolvidos na negociação de divisas em agosto, estivessem de férias. Claro, a negociação em pares de moeda também decorreu durante este período, mas não lhe rendeu nada. "Teria sido melhor se tivesse ido de férias durante essas quatro semanas," disse-me. Teria sido mais económico.

2. Quando não negociar

Sabendo de antemão quando não deve negociar poupa-lhe imensas horas desnecessárias e frequentemente não-produtivas diante do PC. Aqui estão as horas mais importantes quando deve evitar negociar.

Feriados. Isto é importante para os operadores forex em particular. Os bancos são os maiores participantes no Forex. Se os banqueiros estão de folga, o volume de negociação é imensamente reduzido. Nestes dias irá experienciar frequentemente mercados letárgicos ou mercados com súbitos movimentos erráticos. Os padrões familiares do seu mercado nestas alturas são não-existentes e vai andar à procura em vão. Isto é particularmente verdade nos feriados no Reino Unido e nos EUA, os quais são os principais centros dos mercados Forex. Esta regra também se aplica a feriados em outras maiores áreas de moeda. Se houver um feriado na Austrália, então é melhor evitar o dólar australiano. Se for no Japão, então não negoceie em yens, etc.

Sextas-feiras à tarde. Muitos banqueiros e operadores de fundos de cobertura param de negociar às sextas-feiras à tarde para iniciarem o fim-de-semana. Na maioria dos casos, eles fecham as suas posições antes do fim-de-semana, algo que a maioria dos operadores privados tem vindo a adotar. O motivo é o designado intervalo de fim-de-semana. Este intervalo de preço ocorre entre o preço de fecho de sexta-feira à noite e na abertura domingo à noite no mercado Forex. Nos mercados de futuros, ele é frequentemente às 08.00 EST ou GMT.

Nota: Irei utilizar **EST** (Zona de Tempo Oriental, Nova Iorque) para os Operadores Americanos e **GMT** (Tempo Médio de Greenwich) para os Operadores do Reino Unido.

Este intervalo é frequentemente insignificante, mas por vezes ele pode ser enorme, especialmente se tiver ocorrido um evento importante ou notícias importantes durante o fim-de-semana. Talvez tenham decorrido eleições, ou qualquer outra decisão política tenha sido tomada (basta ver a crise grega). Contudo, também podem ser eventos imprevistos, tais como tremores de terra (Japão!) ou ataques terroristas. A atividade de negociação à sexta-feira à tarde abranda frequentemente e os mercados são mais difíceis de negociar. É raro para mim negociar à sexta-feira à tarde, se é que alguma vez o faço.

Fecho e abertura do mercado. Os últimos minutos de cada dia de negociação devem ser evitados, tal como os minutos de abertura. Isto é bem verdade nas bolsas reguladas, tais como as bolsas de valores e mercados de futuros. Tenha em consideração que no fecho de cada dia, muitos operadores fecham as suas posições. No final do dia de negociação, a liquidez pode ser frequentemente muito má. O livro de ordens é estrito e provoca spreads maiores e por vezes vivenciam-se movimentos inesperados.

Os primeiros minutos de **segunda-feira de manhã** também não devem ser utilizados para negociar. Os operadores que fecharam as suas posições na sexta-feira, abrem-nas uma vez mais segunda-feira de manhã. Por vezes, isso também pode causar movimentos inesperados.

Férias de inverno e de verão. Conforme já foi dito, se os banqueiros estão de férias, também deve fazer o mesmo. O volume de transações das maiores casas de negociação cai notavelmente durante este período.

Mercados Asiáticos. Embora tenha outrora negociado nos mercados asiáticos, recomendo que não o faça. Se não está propriamente especializado em ações japonesas, então é melhor desfrutar de uma boa noite de sono. Há sempre alguns entusiastas que querem negociar os Futuros Hang Seng. O facto é que os mercados europeu e americano oferecem oportunidades em quantidade suficiente. A liquidez na negociação de divisas asiáticas não se compara com a sessão europeia e americana.

Por último, **as horas antes do lançamento de importantes notícias económicas**. O calendário diz-lhe quando são publicadas notícias ou dados económicos importantes relacionados com o item. Os participantes na cena forex aguardam por estes dados. Para consultar o calendário que uso, visite: www.forexfactory.com.

Figura 1: Calendário de quarta-feira, 14 de outubro de 2015

10:30am	GBP		Average Earnings Index 3m/y
	GBP		Claimant Count Change
	GBP		Unemployment Rate
11:00am	CHF		ZEW Economic Expectations
	EUR		Industrial Production m/m
2:30pm	USD		Core Retail Sales m/m
	USD		PPI m/m
	USD		Retail Sales m/m

O exemplo dado acima é o calendário de quarta-feira, 14 de outubro de 2015 retirado do site Forex Factory. Preste atenção à cor dos símbolos das pequenas fábricas ao lando da descrição das mensagens. Quando a sua cor é amarela ou laranja, na maioria das vezes, as notícias têm pouco impacto no preço de uma ação, mas se o símbolo da fábrica for vermelho as notícias são importantes. Nesta data, há dois eventos importantes. Às 09.30 GMT houve o Índice de Ganhos Médios no Reino Unido. A publicação deste número teve uma importância para os operadores que negociaram com a libra britânica.

Às 08.30 EST (13.30 GMT), as aguardadas expetativas do lançamento das Vendas de Retalho dos Estados Unidos não podiam ser subjogadas. Este é um dado económico importante. Observe o estado do EUR/USD antes e depois do lançamento:

Figura 2: EUR/USD a 14 de outubro de 2015, gráfico Heikin Ashi de 2 minutos

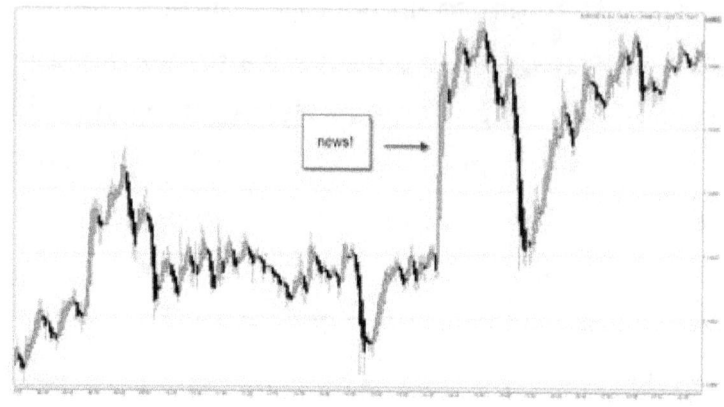

Para o EUR/USD só ocorreu um evento importante. Para ser preciso, foi a publicação das Vendas de Retalho às 08.30 EST (13.30 GMT). Antes disso, houve um pequeno salto no Euro, apenas às 09.00 GMT durante a Abertura de Londres. Mas das 10.00 GMT até às 13.30 GMT, o par deslocou-se lateralmente num intervalo de menos de 10 pontos. É óbvio que os intervenientes no mercado aguardaram ansiosamente pelos dados das 08.30 EST (13.30 GMT). Esta variação é difícil de escalpar, a não ser que seja um especialista em mercados de variação. Na essência, podia saltar com toda a confiança a negociação até às 08.30 EST (13.30 GMT). Foi logo após a publicação das Vendas de Retalho que a ação entrou no mercado.

Figura 3: EUR/USD a 22 de outubro de 2015, gráfico de 2 minutos

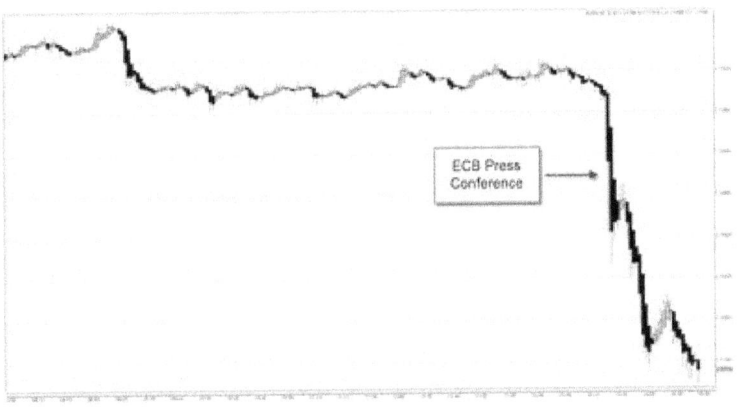

A Figura 3 é clara e explicável por si só. A 22 de outubro, os operadores esperaram pela decisão da Taxa de Juro no Banco Central Europeu às 07.45 EST (12.45 GMT). Houve pouco movimento no EUR/USD nas horas que antecederam esta decisão. Também vale a pena salientar que o mercado mal se moveu na altura do anúncio da Taxa de Juro às 07.45 EST. Isto mudou radicalmente às 08.30 EST (13.30 GMT) quando o presidente do BCE, Mario Draghi deu uma conferência de imprensa. A ação iniciou-se às 08.29 EST (13.29 GMT), os intervenientes mal podiam esperar.

Quais são os dados chave?

- Dados dos EUA

- De Seguida dados da UE, Alemanha e Reino Unido

- Dados do Canadá, Austrália, Japão, Nova Zelândia e Suíca para as suas respetivas moedas

Quais os números que têm maior impacto?

- **Política Monetária.** Todas as comunicações ou publicações e declarações importantes efetuadas em conferências de imprensa pelos principais bancos centrais

- **Dados do Mercado de Trabalho**: Taxa atual de desemprego na Alemanha e o NFP (Vencimentos Não-Agrícolas, às 08.30 EST (13.30 GMT) na primeira sexta-feira do mês) nos EUA.

- **Principais Indicadores**: na Alemanha, o Índice de Clima de Negócios IFO, nos EUA, o Índice de Gestores Compradores ISM

- **Confiança do Consumidor**

- **Produto Interno Bruto (PIB)**: importante em qualquer maior área de moeda

- **Índice dos Preços ao Consumidor** (IPC: Tópico: Inflação!)

- **Índice dos Preços do Produtor** (IPP)

Terá de estudar um pouco o calendário económico se quiser negociar. É crucial compreender a importância dos participantes no mercado no mercado Forex. Estas são antecipações ansiadas nos dias que levam à publicação. Na maioria das vezes, o mercado está calmo antes da publicação em si. Quando os números são publicados, as expetativas ou são confirmadas ou desapontadas. A reação do mercado segue o exemplo. Contudo, é difícil prever como é que os intervenientes no mercado irão responder a um número menos esperado. Enquanto escalpador, seja flexível na sua resposta sem preconceitos em relação às ondas de compra e venda. Negoceie aquilo que vê! Estude também o comportamento dos participantes no mercado nas horas que antecedem o lançamento e nas horas que se seguem. Muitas vezes, observa-se que a volatilidade diminui fortemente antes da publicação. Após a publicação, contudo, a volatilidade fica louca.

3. As melhores horas de negociação

A. Para Operadores Forex

Ao contrário de outros mercados, a negociação em divisas decorre a toda a hora. Portanto, pode negociar durante vinte e quatro horas toda a semana; desde domingo à noite às 17.00 EST (22.00 GMT) até sexta-feira à noite às 17.00 EST (22.00 GMT). Os mercados de divisas não são mercados regulares como o mercado de ações, ao invés são um mercado descentralizado com alguns centros de negociação. Os principais encontram-se em Londres, Nova Iorque, Tóquio e Sydney. Um "dia de negociação" na negociação de divisas é constituído por várias destas sessões de negociação: a sessão europeia, a sessão americana e a sessão asiática.

Figura 4: Sessões Forex

Forex Market Center	Time Zone	Opens Europe/Berlin	Closes Europe/Berlin	Status
Frankfurt Germany	Europe/Berlin	08:00 AM 06-October-2015	04:00 PM 06-October-2015	Open
London Great Britain	Europe/London	09:00 AM 06-October-2015	05:00 PM 06-October-2015	Open
New York United States	America/New_York	02:00 PM 06-October-2015	10:00 PM 06-October-2015	Closed
Sydney Austrailia	Australia/Sydney	11:00 PM 06-October-2015	07:00 AM 07-October-2015	Closed
Tokyo Japan	Asia/Tokyo	01:00 AM 07-October-2015	09:00 AM 07-October-2015	Closed

Centro de Mercado Forex	Fuso Horário	Abre Europa/Berlim	Fecha Europa/Berlim	Estado
Frankfurt Alemanha	Europa/Berlim	08:00 6 de outubro de 2015	16:00 6 de outubro de 2015	Aberta
Londres Reino Unido	Europa/Londres	09:00 6 de outubro de 2015	17:00 6 de outubro de 2015	Aberta
Nova Iorque Estados Unidos	América/Nova Iorque	14:00 6 de outubro de 2015	22:00 6 de outubro de 2015	Fechada
Sydney Austrália	Austrália/Sydney	23:00 6 de outubro de 2015	07:00 7 de outubro de 2015	Fechada
Tóquio Japão	Ásia/Tóquio	13:00 7 de outubro de 2015	09:00 7 de outubro de 2015	Fechada

É fascinante que em Forex, a negociação percorra o planeta em 24 horas. Quando os operadores em Tóquio terminam a sua sessão, os operadores em Londres iniciam a negociação. Os operadores americanos entram no mercado às 08.00 EST (13.00 GMT) e negoceiam até às 11.00

EST (16.00 GMT). Não é invulgar experienciar uma importante sobreposição em dois centros comerciais e é por isso que a maior volatilidade é registada nestas alturas (ver Figura 4). Após as 11.00 EST (16.00 GMT) ocorre uma notável diminuição na volatilidade. Da mesma forma, quando os operadores de Nova Iorque terminam o seu dia de trabalho, inicia-se a sessão de Sydney.

Figura 5: Volatilidade média do EUR/USD por hora (Reino Unido)

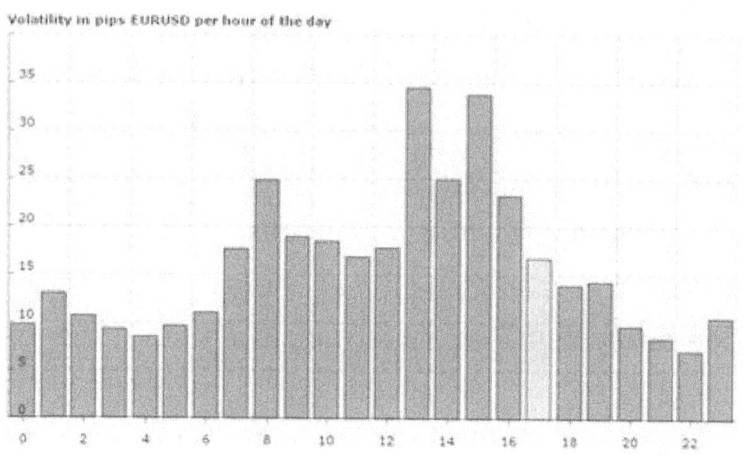

Fonte: www.mataf.net

A figura 5 ilustra a importância das sessões. A baixa volatilidade durante a negociação asiática (os lados extremo esquerdo e direito do gráfico) é visível. Observe também que o dólar australiano, o dólar neo-zelandês e o yen japonês foram os mais negociados, eu continuo a dizer que é frequentemente melhor negocia-los durante as sessões europeia e americana. O motivo é simples. Segundo as estatísticas mais recentes do BIS (Banco de Pagamentos Internacionais), os dois maiores centros de negociação Forex no mundo, Londres e Nova Iorque, representam praticamente 60% do volume de negócios de negociação. Embora as Cotas de Nova Iorque em 2013 (18.9%) tenham permanecido estáveis durante os últimos 10 anos, as de Londres registaram um aumento significativo.

Nas sessões de Londres, 40.9% das transações globais são desempenhadas na negociação de divisas: Em 2013, Singapura obteve 5,7%, Tóquio 5,6% e Hong Kong 4,1%. Isto tem consequências abrangentes para os escalpadores Forex. É indiscutível que as sessões de Londres são as horas mais importantes de negociação na negociação internacional de divisas. Enquanto operador irá encontrar a melhor liquidez em todos os pares de moeda negociados aqui. Poderá confirmar que as melhores execuções e as spreads mais pequenas são de extraordinária importância. A derrapagem é limitada e isto nem sempre pode ser dito em relação às sessões asiáticas.

A experiência demonstra que a volatilidade aumenta 1 hora antes de Londres abrir. Isto significa que as estratégias de saída, por exemplo, têm mais êxito nesta altura. Devido ao aumento da volatilidade quando se inicia a sessão dos EUA, as estratégias de saída também poderiam ser bem-sucedidas. Atenção aqui! As tendências da sessão de negociação europeia podem ser confirmadas (seguimento da tendência) ou experienciar viragens abruptas (reversões). Isto é um resultado dos dados económicos esperados dos EUA (frequentemente 08.30 EST, ou 13.30 GMT). A figura 5 mostra que a volatilidade no final da sessão de Londres (11.00 EST, 16.00 GMT) diminui, depois permanece a um nível baixo durante o resto da sessão de Nova Iorque e asiática. Mas isto também tem vantagens para os operadores cujas estratégias se baseiam nos mercados de variação pois eles preferem estes momentos mais tranquilos. A rentabilidade que suporta e as resistências de manutenção são significativamente superiores aqui.

B. Para Operadores de Índices

No Pré-mercado (8:00 às 09:00 EST e GMT), todas as informações ou notícias importantes da noite anterior são assimiladas no Índice Bolsista de Futuros, o que pode levar a uma volatilidade aumentada. Estes são frequentemente para os operadores na Europa "Pré-cenários" de Tóquio ou da China e do mercado dos EUA. Para os operadores americanos, os sentimentos das sessões de negociação europeias são importantes. Se o sentimento é mau, serão de esperar mais sinais negativos. Isto aplica-se em princípio a todas as bolsas de valores, os seus índices e futuros. O Pré-mercado só é recomendado para operadores experientes. Durante o processo de assimilação de nova informação, uma direção de tendência é especificada e frequentemente retida durante o resto do dia. Portanto, é lucrativo negociar a tendência seguindo os padrões de preço.

Frequentemente, o alto ou baixo do dia ocorre na primeira hora de negociação das bolsas de valores, (09:00 às 10:00), mas este nem sempre é o caso. Em dias típicos de tendência, novos altos ou baixos irão ocorrer após a primeira hora de negociação. A melhor altura para negociar os índices europeus, tais como o FTSE 100, DAX, CAC40 e o Eurostoxx50 é na sessão matinal. A partir das 13.00 (GMT), os operadores americanos entram no mercado, trazendo as suas próprias ideias, as quais podem reverter as tendências da manhã europeia. Enquanto operador sediado na Europa, eu prefiro negociar de manhã, os índices europeus e durante a tarde, os índices americanos.

Segundo a minha experiência, os operadores americanos são independentes das sessões europeias, embora muitos deles gostem de negociar o DAX ou outros índices europeus. Os mercados americanos são os mais independentes de todos, enquanto os mercados europeis seguem os mercados americanos durante a tarde europeia. Se os índices europeus estiverem a vermelho, o Pré-mercado de futuros dos EUA seguirá primeira esta direção. Mas na altura da Abertura de Nova Iorque, tudo mudará.

C. Para Operadores de Crude

Os futuros de crude são negociados praticamente a toda a hora, mas a forma mais eficaz de negociar crude é focando-se no horário nobre. Este é entre as 08:50 -10:30 EST (13.50 - 15.30 GMT). Durante esta hora e meia são obtidos os melhores resultados de negociação. Isto é comprovado pelas avaliações estatísticas dos resultados de negociação. É crucial que o operador evite o primeiro minuto da Abertura de Nova Iorque. Este é o momento em que o "Poço" abre. Frequentemente pode esperar movimentos erráticos devido à informação do Pré-mercado e ao processamento das novas ordens. Frequentemente às quartas-feiras dá-se uma exceção quando os Inventários de Crude (Relatório do Mercado Petrolífero) são publicados. Estes surgem às 10.30 EST (15.30 GMT). É preferível que os Operadores aguardem a sua publicação.

4. Por que é que o Escalpamento Rápido é Melhor que Algumas Negociações Bem Ponderadas

Chegamos agora à essência desta 4ª parte do "Escalpamento é divertido!" e quero discutir aqui as principais razões que levam os operadores que "fazem tudo direito" a falhar. Planear a negociação e negociar o plano. Parece um cliché. O operador deve ter o cuidado de preparar as suas transações após uma análise exaustiva dos gráficos. É tal e qual dar conselhos a uma equipa de futebol: "Nos primeiros 90 minutos do jogo deve estudar o comportamento da outra equipa antes de rematar à baliza." Parece convincente, este processo, em muitos profissionais, é frequentemente a melhor forma, esta máxima é aplicada também a negociação tal como à construção de uma casa ou de um novo carro que deve ser executada em conformidade com critérios racionais e num plano cuidadosamente preparado.

A conclusão errada na negociação acontece devido à opinião geral que a estratégia de negociação deve ser projetada como a construção de uma máquina. O único problema que é os cursos das ações não se comportam como as peças individuais de uma máquina. Nas leis da mecânica, você dobra ou serra peças em metal conforme necessário para a sua obra. Assim que entramos no campo da negociação não é pouco comum darmos por nós num mundo que não é mais gerenciável e controlável. Imagine que vive numa cidade onde as ruas, praças, casas e árvores não estão na mesma posição do dia anterior, as quais podia ter como referência para obter alguma familiarização.

Você acorda todas as manhãs e a rua onde vive mudou durante a noite, o cruzamento não está mais onde virou sempre à direita. Todas as outras estradas, edifícios, bombas de gasolina, centros comerciais estão localizados todas as manhãs em diferentes locais. Uma imaginação surreal? Mas isto acontece quando entra na bolsa de valores. É um undo louco que existe sem regras e leis racionais. A sua experiência e conhecimento do ontem podem não ajudá-lo para o hoje, dado que algo como a análise técnica é apenas de uso limitado.

Os adeptos profundos da análise técnica também afirmam que os padrões conhecidos enquanto padrões de continualção ou padrões de reversão na maioria das vezes não funcionam hoje em dia. Porquê? Esses padrões passaram a ser informação pública hoje em dia. Não tem uma vantagem se acha que reconhece um determinado padrão num gráfico.

Frequentemente, ocorre exatamente o oposto do que esperaria. O mesmo aplica-se aos restantes instrumentos disponíveis da análise técnica, tais como indicadores ou osciladores ou seja o que for que os engenheiros inventaram. O visual e sentimento destes instrumentos baseia-se, sem exceção, em dados do passado. Eles não dizem nada sobre os eventos atuais no mercado e nada sobre o futuro.

Todas as análises e "confirmações" dos indicadores só lá se encontram para a necessidade de segurança da psique humana. É uma infelicidade eles não ajudarem. A incerteza permanece devido ao facto de a insegurança ser a essência da bolsa de valores. Todo este equipamento só existe para determinar as entradas. Trata-se sempre disto: Entradas. Esta também é a questão mais comum que ouço: "Caro Heiken Ashi Trader, diga-me onde devo entrar." A verdade é que não sei. Eu também não consigo prever o futuro, isto é frequentemente uma questão real que é perguntada. Toda a indústria de negociação tentou responder a esta questão. Ela fá-lo de forma praticamente engenhosa e faz bom dinheiro com ela.

Ao saber que ninguém, nem nenhum sistema ou análise irá ajudar a decidir se deve comprar ou vender algo, quais afinal os critérios que devem ser utilizados? A minha resposta é tentar desenvolver um relacionamento experimental com os mercados financeiros. E estar preparado para rever a sua decisão a qualquer altura (fechar a posição, ou inclusive fazer o oposto daquilo que acabou de pensar (posição revertida)).

Para muitas pessoas, esta "flexibilidade" causa ansiedade e no extremo, impede-os de alguma vez negociarem na bolsa de valores. Tente efetuar a sua negociação como se estivesse a sair de um avião e a passear por uma cidade estrangeira. Um turista é frequentemente curioso e quer saber quais as belezas e surpresas que a cidade oferece. Não sei se a próxima negociação trará um lucro ou uma perda. Só posso tentar. Essa é a diferença entre a arte de engenharia e da negociação. Quando negoceia permanece sempre um amador, independentemente das décadas de 'experiência' que tem, lamento.

A experiência na negociação refere-se ao invés ao manuseamento com a Gestão da Paragem. Um bom operador desenvolveu, de certa forma, um mecanismo interior protetivo que o protege contra as perdas excessivas. Através da constante repetição e prática os padrões complexos de gestão de paragem encontram-se gravados no seu cérebro. Nela há uma série de neurónios interligados que permitem uma forma de hábito específica. Estes hábitos fazem a diferença entre um operador experiente e um inexperiente. Não se trata do conhecimento para as entradas e não se trata de qualquer conhecimento secreto que podia predizer os cursos.

Estes novos hábitos têm de ser praticados. A experiência demonstra que demora tempo e inúmeras repetições para ter estes padrões formados. É sabido que o vaivém espacial da NASA consome nos primeiros minutos mais combustível que durante o resto do voo. Por que é que isto é assim? De início, o Vaivém Espacial necessita de maioria da sua energia para quebrar as forças da gravidade. Uma vez no espaço e livre da atração gravitacional da terra, o vaivém pode manter o impulso e voar como se não tivesse resistência.

Esta é a dificuldade de um iniciante na bolsa de valores. Primeiro, ele necessita de uma enorme quantidade de energia para formar alguns bons hábitos. Ele necessita investir imenso tempo e energia para se afastar da ganância básica da natureza humana, para que possa estar livre e confiante no cosmos da bolsa de valores. Esse é o motivo pelo qual considero a velocidade mais importante que a perfeição. Portanto, os iniciantes devem começar sem hesitação e executar negociações regulares. Com isto, eles aprendem a pensar rápido e a reagir à bolsa de valores. Assim que ganhar o impulso enquanto escalpador, você não consegue ser parado.

É por isso que os escalpadores também se devem concentrar nas alturas em que a volatilidade é elevada. Isto é após o lanlamento de notícias económicas importantes e durante as horas de pico de negociação. A oportunidade que o escalpador cria "fluxo" nestas alturas é muito superior que durante as horas mais paradas. O fluxo é uma sequência de ações que faz com disciplina e alegria de fazer. O êxito da negociação segue a facilidade de fazer. É por isso que é importante que os escalpadores atuem apenas em alturas em que os movimentos são claros e inequívocos. A diversão aparece por si e o êxito acompanha-a.

A minha fórmula para o êxito é: Fluxo – Diversão – sucesso!

O inventor do termo "fluxo", o psicólogo americano Mihaly Csikszentmihalyi, define-o como a ocorrência de sentimentos de fluxo que causam objetivos claros, um foco total no que há a fazer, o sentimento de controlo da atividade, a conformidade da necessidade e capacidade para além do medo ou tédio em aparente facilidade. Ele enfatiza que é importante que o trabalho seja feito de forma divertida. O homem no fluxo faz com que o seu trabalho seja criativo e artístico. Também é crucial que ele se liberte da expetativa de sucesso. Ele deve encontrar-se livre do medo e da preocupação. Isto é o que acontece quando um escalpador escalpa o seu mercado de forma concentrada. Ele não espera, ele encontra-se livre do medo e atua independente do lucro e perda. Ele é rápido, concentrado e sem ideias preconcebidas de qual a direção que o mercado irá tomar nos próximos segundos ou minutos.

Portanto, o fluxo é mais um estado do que uma técnica. Para experienciar o fluxo, todas as distrações devem ser eliminadas. Estas distrações incluem extensa análise e ponderação sobre o mercado. Um operador no fluxo, assim sendo vê a sua negociação como a única coisa que existe. Um operador no fluxo sente que ele esquece tudo em redor dele e que tudo "desaparece" em redor dele. Nas alturas do fluxo, ele desaparece ou deixa-se levar. O fluxo não se encontra restrito à negociação. Ele pode ocorrer em princípio em outras atividades. Muitos desportistas sabem isto bem. Esquiadores, velejadores, futebolistas e jogadores de ténis já o viveram.

Mais próximo da negociação encontram-se os (agora profissionais) bem-sucedidos jogadores de jogos de computador. Estas pessoas reportam experiências de fluxo fornecendo ao jogador rápidas tarefas consecutivas que podem desafia-lo e a probabilidade de resolução bem-sucedida é elevada. Todas as atividades artísticas não podem ser concebidas sem fluxo. Os músicos sabem isto, os pintores e escultores, também. A expressão mais clara do fluxo pode ser observada num casal que dança que flutua sobre o parquet sem um aparente esforço ao som da música. Para o escalpador, isto não significa que ele perde o respeito pelo mercado. Os escalpadores pertencem à categoria dos operadores, que têm o maior dos respeitos pelo mercado, porque sabem que qualquer coisa pode acontecer no mercado. Encontrar-se no fluxo significa que os escalpadores se encontram adequados para responder.

5. A Disciplina é Mais Fácil no Fluxo

A negociação contradiz toda a nossa basse da natureza humana. Se não estiver assinalada, ela pode corer ao contrário daquilo que nos foi ensinado enquanto crescíamos. Começa com o "quero ser e fazer correto" para o "modo espero" e para os modos a "minha posição passou para o vermelho, o mercado poderá eventualmente virar...". Quanto mais um operador se abate sobre uma posição em perda, mais depressa a cisma e pensamento negative levam a melhor. As consequências são desastrosas para a conta. Assim que a sua "cabeça" assume o controlo da negociação, forma-se um pensamento rebelde – em caso algum irá fechar posições em perda. Podem ser sempre encontrados argumentos a favor. Eis os clássicos exemplos:

"O mercado pode virar."

"Tenho de ir para o suporte 2 e subir novamente."

"É impossível que o mercado consiga chegar assim tão longe, ele já sobrecomprou o ATR normal duas vezes."

"Tais preços exagerados são sempre corrigidos."

"O mercado apenas reagiu exageradamente. É apenas uma questão de tempo até ele regressar."

"O mercado vira sempre e é rodado a este nível. Ele não pode durar muito mais poque o RSI está na área de sobrecompra."

"Segundo os meus cálculos, o mercado esgotou a Extensão Fibonacci."

Os argumentos do operador não excluem o porquê de algo dever diferir daquilo que é. Este estado de negação é típico dos operadores que "apenas executam operações bem ponderadas" ou "apenas negociam tendo como base as configurações cristalinas." Isto não existe, eles são atraídos por imaginações hiperativas e estes operadores não admitem isto. Que "o mercado" é uma entidade caótica e imprevisível que pode fazer uma rotação de 180º a qualquer altura é convenientemente esquecido. Este operador tenta ter este monstro sob controlo e arranca os seus segredos dele.

Ele ignora um facto de não poder pegar nisto com um instrumento inadequado: pensamento racional; desenvolvido a partir da parte lógica e argumentativa do nosso cérebro. Para uma negociação com uma estrutura tão caótica como o mercado Forex e o Índice Bolsista, esta parte lógica da mente humana deve ser desligada. A mente radicional está sempre em busca de "princípios", "padrões recorrentes" que são "transacionáveis" e "têm uma probabilidade estatística de êxito." Esta análise técnica encontrou uma forte distribuição entre os investidores de retalho nos últimos 20 anos, servindo esta necessidade humana. Antigamente era a análise instintiva fundamental que estimulava decisões para comprar ou vender. Agora, o operador refere-se a técnicas de gráficos como um instrumento com o qual ele pode "ler" e "interpretar" os mercados.

Eu não menosprezo os méritos da Análise Técnica. Eu também negociei tendo como base as análises técnicas durante anos, mas não fiz nenhum dinheiro com isso. O operador que entra na aventura de cavalgar as ondas feliz e despreocupado, sem um segundo olhar aos gráficos, tem, pelo menos, uma oportunidade de reagir agora e depois aos desenvolvimentos do mercado. Em última análise isto retrata a negociação: A minha resposta ao que mercado tem a dizer a cada instante. Nos dias bons, este operador pode entrar no "fluxo" onde pode sentir-se impressionado, pelo menos temporariamente, de "acompanhar o mercado."

Este método que pratiquei durante anos não é infalível. Uma vez mais, haverão dias perdidos e fases de mercado em que ele não funciona bem. Este método de escalpamento pode trazer imensa alegria e inúmeros ganhos. Também permitindo mais prática e um aumento de experiência aos operadores. Conforme dito anteriormente, mais frequentemente, se não for divertido, deve simplesmente parar de escalpar. Deve entrar nestas fases em alta do mercado (na maioria das vezes após o lançamento de importantes dados de mercado) e depois tentar escalpar e ser audacioso. É nos movimentos rápidos que as ondas de venda produzem compras claras que tenho mais ganhos. O meu recorde pessoal é de 28 vitórias seguidas. Se então aparecer a primeira perda, ele é frequentemente um sinal que estou cansado ou está o mercado. Os sinais podem ser um temporário abrandamento do momento. Talvez a dinâmica diminuída e os presentes movimentos do mercado não sejam tão fáceis para negociar. Esta é a melhor altura na maioria dos casos para fazer uma pausa ou inclusive para por completo durante o dia.

Mas o facto é que os problemas da disciplina supracitada ocorrem muito menos com escalpamento rápido e dinâmico que com negociações "bem ponderadas". Um operador em fluxo completo sabe de imediato o que fazer quando subitamente o mercado se vira contra ele. Ele fecha a sua posição sem qualquer questão quer esteja com lucro ou perda. Ele é decidido e atua sem hesitação. O escalpamento rápido promove o fehco rápido das posições em perda e a rápida retirada dos lucros acumulados, o que também é importante. A minha experiência é que dois problemas básicos da negociação – medo e ganância – podem ser melhor controlados aqui. Com este método, o operador não perde tempo a ponderar. É por isso que recomendo negociar com ordens de um clique utilizando este método. Se o operador tiver de abrir uma pasta e inserir um número enquanto mercado vai contra a sua posição a cada segundo, ele irá perder pontos importantes. Se o operador trabalhar com ordens de um clique, ele está apenas a um clique do botão para sair do mercado e deve fazê-lo quando estiver no lado errado da negociação.

6. Instrumentos de Aviso e Controlo

Agora, você sabe como escalpar e quando, a "única" tarefa que resta é fazê-lo. É fácil de dizer, tal como é dito – o que é fácil de fazer, não é fácil de fazer. O potencial completo da negociação e escalpamento não se encontra na complexidade da tarefa, a magia encontra-se na repetição diária desta tarefa. Como tentei demonstrar na terceira série deste livro, como é que classifico os meus resultados de transação? Tendo como base os anteriores resultados de negociação, a manifestação do potencial completo do escalpamento é gradual. É com a rotina do dia-a-dia que o operador se transforma num mestre da sua arte. Isto também significa que ele tem de discernir determinados sinais de aviso que o mercado dá, isto diz-lhe quando parar.

O escalpamento em Forex pode ser efetuado a toda a hora, mas espero que este livro tenha demonstrado quais as horas em que é mais bem-sucedido. Se um operador escalpa em mercados aborrecidos e lentos ao invés de mercados rápidos e dinâmicos, ele irá abrandar todas as suas negociações. Inicialmente não há objeção contra isto. Os operadores necessitam saber que uma diferente atividade cerebral se inicia assim que começam a esperar pelos resultados. Eles são distraídos e não se concentram o suficiente para rastrearem as suas negociações conforme deviam. Portanto, um abrandamento é um claro sinal que o escalpamento deve ser interrompido.

O outro extremo também existe. Ele acontece raramente, graças a Deus, mas houveram alturas nos últimos 15 anos em que a volatilidade assumiu dimensões loucas que deixou de ser razoável pensar em negociar ou escalpar. Durante os dias da crise do Euro de 2011, vi o EUR/USD descer 50 pontos, por vezes em um só segundo! Os operadores tiveram um período difícil para manter as suas práticas de gestão de risco consistentes neste tipo de mercados. Seria melhor parar de escalpar sempre que são observados movimentos tão loucos e se ele não conseguir parar, deve continuar com apenas uma fração do seu tamanho normal de posição.

A melhor e mais importante ferramenta de controlo para um negócio de transação é a conta. Nada lhe dá uma perspetiva melhor que o seu saldo de conta. É uma verdade dolorosa. A sua conta diz-lhe se o seu trabalho foi, ou não, bem-sucedido. É por isso que digo: um operador não negoceia o mercado, ele negoceia a sua conta. Pode achar que esta declaração é absurda se pensar na negociação como algo que esteja relacionado com gráficos e estratégias. Não há ferramenta mais importante de monotorização neste negócio que a curva de capital próprio de um operador. Ela demonstra o progresso do saldo da conta de hora a hora e de dia para dia. Ao estudar esta curva, a sua história, o tamanho dos rebaixamentos e quanto tempo o operador demora para recuperar desses rebaixamentos; não existe melhor perspetiva que esta.

Isto também é verdade para uma visualização daquilo que ocorre num só dia. Se, após 20 negociações onde um operador fez um lucro pequeno, ele descobre que ocorrem perdas maiores, ele deve fazer uma pausa, se não parar de todo. Ele deve apanhar um pouco de ar fresco, limpar a sua cabeça e perguntar-se se o presente mercado vale a pena o seu tempo. Se ele depois perceber que os movimentos dos preços vão novamente de encontro aos seus critérios de escalpamento, ele pode continuar. Quando o mercado abrandou, se desloca lateralmente, ou tem movimentos indecisos, é difícil negociar, ele deveria pensar seriamente em parar. A melhor parte do dia já pode ter passado, lembre-se sempre, há outro dia amanhã.

Aquilo que está aqui escrito é facilmente muito mais difícil na prática. Alguns operadores ficam obcecados com os mercados e não conseguem parar apesar dos evidentes sinais de aviso. Eles continuam a negociar e a ignorar todos os avisos. O resultado? O seu palpite é tão bom como o meu. Acontece frequentemente que estes operadores perdem todos os lucros acumulados do dia, ou pior. Não se pode deixar de enfatizar uma vez mais, os operadores bem-sucedidso sabem quando não negociar. Afinal de contas, esta talvez seja a regra mais importante da negociação.

A maioria dos iniciantes não sabe disto. Eles ainda não aprenderam a distinguir entre os mercados bom (para a sua estratégia) e mau. Aprender é imperativo se quiserem ser bem-sucedidos. Se ele não conseguir parar, ele deve, pelo menos, reduzir o tamanho da sua posição. Se não está a correr bem, os danos que poderão ser causados na sua conta são reduzidos.

A minha maior série de perda no escalpamento foi de 15 negociações. Leu corretamente: quinze perdas seguidas. Pode pensar que, estatisticamente, isto não é possível. Contudo, é possível, eu fi-lo.

É tão possível como a série supracitada de 28 negociações seguidas bem-sucedidas, com o meu método de escalpamento. Admitirei, o mercado correu bem nesse dia. As ondas no Gráfico Heikin Ashi de 1 minuto eram óbvias e fáceis de ver, de forma que cada negociação foi um êxito. Após a 29ª negociação (a qual foi uma perda) eu parei. Até desliguei inclusivamente o PC, porque senti instintivamente "Agora, irás estragar tudo."

Nem sempre correu bem, pois nem sempre fui assim tão sensato. Violei com demasiada frequência a minha própria regra; sair assim que perder. Nós somos humanos. Cometemos erros e iremos cometer mais. Um operador não deve ser demasiado severo consigo mesmo quando ele viola as suas próprias regras. Ele irá fazê-lo uma e outra vez. Nada está escrito para sempre na negociação. Os sinais de aviso de um operador são vitais se ele quiser fazer vida disso. Se ele aprender a respeitar os sinais de aviso, os quais lhe são dados pelo mercado e pela sua conta, ele será garantidamente um melhor operador com o decorrer do tempo, algo que se irá refletir no saldo da sua conta.

7. Seja Agressivo Quando Ganha e Defensivo Quando Perde

Compilamos importantes fatores de sucesso para saber quando deve, ou não, escalpar. Descobrimos que a disciplina é mais fácil de alcançar com mercados rápidos do que com mercados aborrecidos de deslocação lateral. Finalmente, vimos importantes instrumentos de aviso e controlo, tais como rebaixamentos e perdas súbitas. Aquilo que falta abordar é de todos os fator chave de êxito: a gestão ativa do tamanho da posição.

Os operadores possuem três liberdades: eles decidem o que comprar (este é o campo da análise fundamental), eles decidem quando comprar (este é o campo da análise técnica), e eles decidem quanto comprar (este é o campo da gestão ativa do dinheiro). Acredito que o quanto não deve depender em qualquer algoritmo de tamanho de posição aleatório quando escalpa. As regras fixas como (nunca arriscar mais de 1% do seu capital por transação" são úteis nesta fase inicial. É o primeiro controlo de gestão de risco. Esta regra pode ser um entrave a longo prazo se quiser executar uma gestão dinâmica da posição.

Isto tem imenso a ver com o que foi dito. Assim que o escalpador tiver dominado o timing, ele sabe quando parar de escalpar, isto permite-lhe ajustar o tamanho da sua posição aos eventos do mercado. Um escalpador negoceia com posições maiores quando as coisas estão a correr bem e reduz a posição quando estão a correr mal.

Considere esta situação. Um operador regista uma série de ganhos. Ao invés dos habituais dois lotes, ele escalpa 5 lotes no mercado Forex. Do nada, ele produz duas perdas. Será que deveria continuar a escalpar com 5 lotes? Estou sempre disposto a estabelecer regras de processos complexos de tomada de decisão que sejam simples e óbvias. Quando um operador está a escalpar, ele não tem tempo para pensar muito sobre esta gestão de dinheiro. Mantenha-o simples! Se ele tem duas negociações seguidas em perda, ele deve, pelo menos, diminuir para metade o tamanho da posição. Portanto, se tem estado a escalpar com 5 lotes, isto significa que ele deve agora escalpar com 2 lotes até ter novamente êxito.

Duas negociações seguidas em perda também podem ser vistas como um aviso. Um escalpador sabe que duas negociações em perda não são invulgares. Ainda assim, é um sinal que o seu sistema atual não é bem-sucedido para acompanhar o mercado. Portanto, ele deve ser mais defensivo nesta situação. Se ele alcançar 7 negociações ganhadoras seguidas, isto é um sinal que o seu método se adequa ao mercado atual. Aqui, ele pode ser mais agressivo e escalpar com posições maiores. Um bom escalpador sabe quando é altura de ligar o turbo no que diz respeito ao seu tamanho de posição e quando não o é. Há dias em que pode fazer 10 000 $ ou mais na bolsa de valores. E há dias em que pode ficar satisfeito com um ganho de 250 euros.

O objetivo deste livro é certificar que tem consciência dos ótimos dias de negociação. Este é um dos verdadeiros segredos da negociação. Os bons operadores sabem quando o assado está servido. Eles também sabem qundo não vale a pena sair para jantar. Os experientes aprenderam a aparecer apenas nos dias de festim e "a ficarem quietos." Isto é difícil e requer grande disciplina, mas vale a pena. O operador iniciante percebe rapidamente que os resultados da negociação são assimétricos na ocorrência. Os lucros não são uniformes na distribuição ao longo de 20 dias de negociação por mês como um trabalho normal.

Pensei sempre na negociação como uma espécie de trabalho de escritório que é operado diariamente com disciplina. Mas ela não funciona dessa forma. Se o operador negociar e escalpar desta forma, os resultados serão, na melhor das hipóteses, medíocres (como na maioria dos trabalhos de escritório...). Toda a arte de negociar encontra-se na capacidade de aplicar o conhecimento na bolsa de valores nos dias (ou horas) festivos. Se um operador tiver êxito em arriscar apenas o seu dinheiro quando vale a pena e sair, sem brincadeiras, a probabilidade de se encontrar entre os 5% de vencedores na bolsa de valores é muito grande.

O tamanho de uma posição por vezes depende do atual estado mental de um operador. Caso ele esteja mal disposto, a A position size sometimes depends on a trader's current mental state. Should he be in a bad mood, a funcionar de forma um pouco temperamental, então ele não deve tentar compensar a sua má disposição através de uma abordagem agressiva na bolsa de valores. Eu sei que esta tentação existe, não é um sinal de profissionalismo. Se o operador tentar compensar o seu estado mental atual sendo agressivo, isso não irá funcionar. Um bom escalpador é, portanto, um bom sismógrafo ele próprio. Ele sabe nos termos exatos quando ativar e quando ele consegue trabalhar com posições maiores no mercado. E ele também por intuição quando este não é o caso. Se esta avaliação estiver errada, então o saldo da sua conta irá desiludi-lo. Cada operador também tem os seus limites naturais. Há operadores que experienciam um sentimento de perigo e trabalham em excesso quando negoceiam mais que um 1 lote padrão. A forma como superam este limite depende da sua capacidade de deixar a sua zona de conforto.

Eu conheci um soberbo operador que nunca poderia negociar mais de 2 contratos nos futuros E-mini e no mini-Dow, embora ele tivesse décadas de experiência saísse praticamente todos os dias com lucros. Eu disse-lhe que ele podia negociar muitos mais contratos e asseim ganhar mais dinheiro, mas ele não o fez. Dois contratos eram o seu limite. Este operador conhecia bem a sua própria zona de conforto e repeitava-a. O oposto, infelizmente, também existe. Estes são operadores que estão acima da alavancagem no mercado. Alguns que conheci, arriscavam mais de 10% do seu capital de negociação por transação. Eu sabia que era apenas uma questão de tempo até eles alcançarem 10 perdas sucessivas nas negociações. Assim sendo, era o fim do jogo!

A negociação e escalpamento podem ser lucrativos para indivíduos disciplinados que superam os seus limites de medo naturais com experiência crescente. Espero, com este Livro, dar o ímpeto para este êxito.

Desejo a você, caro leitor, muita sorte com as suas atividades de negociação!

Heikin Ashi Trader.

Pode contactar o autor através do email: pdevaere@yahoo.de

Mais livros de Heikin Ashi Trader

Como iniciar um Negócio de Transação com 500 $

Muitos novos operadores têm pouco capital disponível no início, mas isto, de qualquer das formas, não é um obstáculo para iniciar uma carreira de transação.

Contudo, este livro não se trata de como fazer crescer uma conta com 500 $ para uma conta com 500 000 $. São precisamente estas expectativas de retorno exagerodo que levam a maioria dos iniciantes ao fracaço.

Ao invés, o autor demonstra de forma realista o que deve fazer para se transformar num operador a tempo inteiro apesar do limitado capital de arranque. Isto aplica-se quer a operadores que queiram permanecer privados, assim como aos que querem eventualmente transacionar fundos dos clientes.

Este livro demonstra passo-a-passo como fazê-lo. Além do mais, há um plano concreto de ação para cada passo. Qualquer um pode ser um operador no princípio, se ele ou ela estiver disposto a aprender como funciona este negócio.

Índice

1. Como se Transformar num Operador com apenas 500 $ de Investimento?

2. Como Adquirir Bons Hábitos de Transação?

3. Como Ser um Operador Disciplinado

4. O Conto de Fadas do Juro Composto

5. Como Transacionar numa Conta com 500 $?

6. Transação Social

7. Fale com o Seu Corretor

8. Como se Transformar num Operador Profissional?

9. Transação para um Fundo de Cobertura

10. Aprenda a Trabalhar em Rede

11. Transforme-se num Operador Profissional em 7 Passos

12. 500 $ É Muito Dinheiro

Glossário

Outros Livros de Heikin Ashi Trader

Sobre o Autor

O Heikin Ashi Trader é o pseudónimo de um operador com mais de 15 anos de experiência na transação de futuros e divisas. Ele especializa-se no escalpamento e na rápida transação. Para além disto, ele tem publicado múltiplos livros que explicam as suas atividades de transação. Tópicos populares sobre: escalpamento, transação de balanço e gestão de risco e dinheiro.

Impressão

© 2017 Heikin Ashi Trader

A obra, incluindo todos os conteúdos estão protegidos por direitos de autor. Todos os direitos reservados. Nenhuma parte desta publicação pode ser reimpressa ou reproduzida sob forma ou meio algum, eletrónica, mecânica, fotocópia ou de outra forma, sem o consentimento expresso por escrito do autor. Todos os direitos de tradução estão reservados.

A utilização deste livro e a implementação da informação contida no mesmo encontram-se expressamente sob seu próprio risco. A obra, incluindo todo o conteúdo, foi compilada com o maior dos cuidados. Contudo, os erros de impressão e a informação errada não podem ser totalmente excluídos. O autor não aceita qualquer responsabilidade pela atualidade, exatidão e integridade dos conteúdos publicados no livro, ou por erros de impressão. Não pode haver responsabilidade legal por parte do autor sob qualquer forma devido a informação errônea e às consequências resultantes. Em relação ao conteúdo da Internet impresso neste livro, os operadores das respetivas páginas de internet são os únicos responsáveis.

Primeira edição de 2017

Texto: © Direitos de Autor por Heikin Ashi Trader

12 Carrer Italia, 5B

03003 Alicante, Espanha

Todos os direitos reservados

www.ingramcontent.com/pod-product-compliance
Lightning Source LLC
Chambersburg PA
CBHW070134210526
45170CB00013B/1004